DATE DUE

3488000082142b

BOOK CHARGING CARD

Accession No. _____ Call No. 221 BAR

Author *Brown, Jonatha A.*

Title *Rosa Parks*

Date Loaned	Borrower's Name	Date Returned

FÚTBOL

FÚTBOL: LOS FUNDAMENTOS

BARBARA BONNEY

TRADUCIDO POR
RIGOBERTO AGUIRRE

Rourke Publishing LLC
Vero Beach, Florida 32964

© 2003 Rourke Publishing LLC

PHOTO CREDITS
© Karen Weisman: pages 9, 16; © American Youth Soccer Organization:
pages 4, 6, 12; © Glen Benson: cover, pages 7, 10, 13, 15, 18, 19, 21, 22

ACKNOWLEDGMENTS
The author wishes to acknowledge Doug Semark for his contribution in
writing this book..

EDITORIAL SERVICES:
Penworthy Learning Systems
Versal Editorial Group

Library of Congress Cataloging-in-Publication Data

Bonney, Barbara. 1955-
    Fútbol: Los Fundamentos / Barbara Bonney.
        p. cm. — (Soccer)
    Includes index.
    Summary: An overview of the game of soccer including its history, the spirit of the
game, coaching, conditioning, and mental preparation required for playing.
        ISBN 1-58952-444-6
    1. Soccer—Juvenile literature. [1. Soccer.]
I. Title   II. Series: Bonney, Barbara, 1955-   Soccer.
GV943.25.B65 1997
796.334—dc21

Printed in the USA

TABLA DE CONTENIDO

LA HISTORIA DEL FÚTBOL

Desde la antigüedad se han practicado en todo el mundo juegos que consistían en patear una pelota. Muchos de estos juegos eran violentos. En la década de 1860 los ingleses adaptaron este deporte para las escuelas. Por primera vez se hicieron reglas que todos debían seguir. Hubo desacuerdo en cuanto a las reglas a aplicar en caso que los jugadores tomaran la pelota con la mano o patearan a propósito a otro jugador. Se decidió mantener esas reglas en un juego llamado **rugby**, pero no en el fútbol. En el fútbol, la pelota no se puede tocar con las manos y los jugadores no pueden ser violentos.

Los italianos jugaron durante siglos un juego violento que consistía en patear una pelota. Ese juego se llamaba "calico".

El fútbol se juega en todo el mundo.

EL ESPÍRITU DEL JUEGO

El fútbol es diferente de cualquier otro deporte. En la mayoría de los deportes, el objetivo es ganar siguiendo muchas reglas. En el fútbol, la deportividad es importante para los jugadores, entrenadores y árbitros. Las reglas, o reglamento, no son tan importantes como que

Personas de todos los tamaños juegan al fútbol.

Divertirse es parte del fútbol.

el juego sea seguro, justo y divertido. Los
jugadores deben respetar al árbitro y las reglas.
El árbitro también tiene que respetar el espíritu
del juego.

ENTRENADORES

El entrenador es el líder de un equipo de fútbol. El trabajo del entrenador es ayudar a los jugadores a que aprendan habilidades a través de la práctica. Un entrenador también ayuda a los jugadores a trabajar juntos como equipo. A veces su trabajo implica probar nuevas jugadas o cambiar de posición a los jugadores. Un buen entrenador anima a todos los jugadores, no sólo a los mejores, a hacer su máximo esfuerzo. Los jugadores que se presentan a tiempo para las prácticas y escuchan las instrucciones, ayudan a sus entrenadores.

Los entrenadores dan instrucciones antes de comenzar el partido.

EQUIPOS

Los equipos de fútbol de niños forman ligas que pueden pertenecer a organizaciones estatales o nacionales. Ser parte de un grupo más grande ayuda a conseguir uniformes y equipos, a preparar a los entrenadores y a organizar torneos. Sin embargo, pertenecer a un equipo significa mucho más que eso. Un equipo no es solamente un grupo de niños que juegan fútbol. Si cada jugador o jugadora actúa sin tener en cuenta a los demás, el equipo no funcionará. Si los jugadores tratan de ayudar a sus compañeros y aprenden de ellos, entonces tendrán más posibilidades de éxito. El éxito requiere práctica y cooperación.

Los jueces de línea ahora se llaman asistentes del árbitro.

Los equipos que trabajan bien en conjunto pueden jugar en torneos.

PARTIDOS

La temporada de fútbol generalmente es en primavera y en otoño. En regiones frías se puede jugar en lugares cerrados. Las reglas para lugares cerrados son un poco diferentes a las de lugares abiertos. En regiones más cálidas, el fútbol se puede jugar durante todo el año.

En lugares abiertos, cada uno de los dos tiempos de un partido de fútbol es de 25 minutos o menos.

La deportividad es más importante que ganar.

Los partidos de fútbol en lugares abiertos tienen dos tiempos de 25 minutos cada uno, y menos si los jugadores son más pequeños. El tiempo de descanso es de al menos 5 minutos. El árbitro sólo detiene el cronómetro durante el tiempo de descanso.

ÁRBITROS

Cada partido de fútbol tiene un árbitro que lo controla. El trabajo del árbitro es controlar el tiempo y los goles, detener el juego en caso de lesiones y autorizar **sustituciones.** El árbitro también detiene el juego si hay una razón para hacerlo, y hace cumplir las reglas. Dos asistentes del árbitro deciden cuándo la pelota cruza las líneas de costado o de fondo. El árbitro hace sonar el silbato si se comete una falta. El árbitro participa también del juego para enseñar a los jugadores las reglas del fútbol y cómo jugarlo.

El entrenador es por lo general un padre o una madre.

El árbitro llama a los sustitutos.

PREPARACIÓN FÍSICA

La **preparación física** es importante antes de jugar cualquier deporte. Correr es una buena forma de preparar el cuerpo para jugar al fútbol. Comienza con una distancia corta, luego incrementa un minuto o dos cada día. Otros buenos ejercicios son mover la pelota de fútbol con tus pies y correr con la pelota cerca. Entre partidos, las prácticas del equipo son una buena forma de preparación física. Antes de cada práctica o juego, la mayoría de los equipos hacen precalentamiento o ejercicios de estiramiento: preparan el cuerpo para correr y patear. El precalentamiento previene lesiones.

Estirar las piernas antes del partido ayuda a prevenir lesiones.

PREPARACIÓN MENTAL

Así como los cuerpos necesitan preparación física y precalentamiento, es necesario preparar la mente para el juego. El fútbol no es un deporte físico únicamente. Los buenos jugadores están alertos durante la práctica y los partidos.

Prestar atención al árbitro ayuda a todos a aprender.

Los buenos entrenadores crean una actitud positiva en el equipo.

Ellos ejercitan sus mentes pensando siempre en dónde está la pelota y qué pueden hacer para ayudar al equipo a anotar un gol. Los buenos jugadores también tratan de entender el juego prestando atención al árbitro y al entrenador.

JUGAR CON LA PELOTA

En el fútbol la pelota puede controlarse y jugarse de varias maneras, siempre sin usar las manos o los brazos. Generalmente se usan los pies. Cuando un jugador corre con la pelota controlada por sus pies, eso se llama **driblar**. Se puede patear la pelota para enviarla a gran distancia o lanzarla a la portería. Patear el balón a un compañero de equipo se llama pase. Detener la pelota se denomina parar, lo cual se hace con los pies, las canillas, las rodillas y el pecho. Cuando el balón rebota en la cabeza de un jugador, se llama cabezazo.

La práctica mejora a los jugadores y a los equipos.

Driblar se usa mucho para mover la pelota dentro del campo de juego.

GLOSARIO

deportividad — juego justo y buena actitud

driblar — mover la pelota pateándola suavemente

liga — un grupo de equipos que compiten entre sí

preparación física — preparar el cuerpo y la mente con ejercicios para trabajar o jugar, por ejemplo para un partido de fútbol

rugby — juego similar al fútbol americano y al fútbol. Se llama así por una escuela en Inglaterra.

sustituciones — jugadores que entran a jugar en lugar de otros

torneos — una serie de competiciones en las que un equipo gana

Hay que correr mucho para jugar al fútbol.

ÍNDICE